ryan william walker

... und es gibt keine götter

tredition

... und es gibt keine götter

aufräumen mit
dem größten
irrglauben der
menschheits
geschichte

VORWORT	11
DAS MÄRCHEN RELIGION	18
DIE EVOLUTION	59
DAS JUDENTUM	83
DAS CHRISTENTUM	88
DER BUDDHISMUS	94
DER HINDUISMUS	97
DIE ZEUGEN JEHOVAS	100
DER ISLAM	107
ISLAM UND SEXUALITÄT	117
RELIGIÖSE RITUALE	121
GEWALT IN ARABISCHEN LÄNDERN	131
URTEILE ARABISCHER GERICHTE	136
ZWANGSHEIRAT IN DER ISLAMISCHEN RELIGION	140
RELIGIONEN UND HOMOSEXUALITÄT	146
RELIGIONEN IN DEUTSCHLAND	150
UNSER STAAT UND DIE KATHOLISCHE KIRCHE	157
REICHTUM DES VATIKANS	169
MISSBRAUCHSFÄLLE IN DER KATHOLISCHEN KIRCHE	175
VERGEWALTIGUNGEN	185

DER KIRCHENAUSTRITT	190
DER MENSCH UND ANDERE TIERARTEN	194
ZERSTÖRUNG DES ÖKOSYSTEMS	203
ENTWICKLUNG DER ERDBEVÖLKERUNG	209
ÜBERBEVÖLKERUNG IN DEUTSCHLAND	225
DEUTSCHLAND ALS EINWANDERUNGSLAND	229
RELIGIONSUNTERRICHT AN SCHULEN	238
DIE DEUTSCHE PARTEIENLANDSCHAFT	245

FSC
www.fsc.org
MIX
Papier | Fördert gute Waldnutzung
FSC® C083411

Zeitfracht Medien GmbH
Ferdinand-Jühlke-Straße 7
99095 Erfurt, Deutschland
produktsicherheit@kolibri360.de